LA GUERRE

PILLAGES, DESTRUCTIONS

DOMMAGES

(LOIS ET JURISPRUDENCE)

5e ÉDITION

PAR

E. MEIGNEN

Avocat
Docteur en droit
Ancien agréé au Tribunal de Commerce de la Seine

Prix : 60 centimes

DORBON-AINÉ

19, BOULEVARD HAUSSMANN, 19

PARIS

LA GUERRE

PILLAGES, DESTRUCTIONS
DOMMAGES

(LOIS ET JURISPRUDENCE)

5e ÉDITION

PAR

E. MEIGNEN

Avocat
Docteur en droit
Ancien agréé au Tribunal de Commerce de la Seine

DORBON-AINÉ

19, BOULEVARD HAUSSMANN, 19

PARIS

INTRODUCTION

Dans ce petit volume, présenté sous la forme la plus simple, j'ai voulu seulement donner des renseignements utiles, par la réunion et le classement des documents législatifs et judiciaires relatifs à la réparation des dommages causés par la guerre.

Pendant près d'un demi-siècle, la paix avait régné en Europe; il n'était donc venu à l'esprit de personne d'écrire un ouvrage qui eût été sans intérêt et n'eût pas trouvé de lecteurs. Il en est autrement aujourd'hui.

Après la guerre de 1870, de multiples litiges avaient été portés devant les tribunaux, donnant lieu à une jurisprudence spéciale qu'il est utile de faire connaître pour permettre à chacun d'apprécier le bien fondé de ses prétentions.

Ainsi seront peut-être évités des procès longs et coûteux.

Un mémoire bien rédigé, exposant clairement

les faits sous leur jour le plus favorable, appuyé de toutes les pièces utiles, et soutenu par les démarches nécessaires, fera plus, pour le succès rapide d'une réclamation, que les multiples actes de procédure qui n'ont pour résultat que d'énerver l'adversaire en procurant un gain aux huissiers qui les signifient.

E. MEIGNEN.

LA GUERRE

PILLAGES, DESTRUCTIONS
DOMMAGES

PRINCIPES

1.— Les combats, les sièges, l'occupation des villes, et les violences, les abus, les exactions qui en résultent sont causes de la destruction, de la perte et de la détérioration d'un grand nombre de propriétés et d'objets.

2. — Un fait préjudiciable ne revêt, en principe, le caractère d'un délit ou d'un quasi-délit engageant la responsabité de son auteur, qu'en cas de faute ou de négligence de celui-ci.

Si le préjudice est le résultat d'un événement de force majeure, aucune action en réparation ne prend naissance en la personne de la victime.

Les faits de guerre ne donnent donc lieu à aucune action contre l'État, les départements ou les communes, que les dommages aient été causés par l'ennemi ou par les sujets de la nation à laquelle on appartient, sauf certaines exceptions précisées par des lois.

3.— Il appartient donc aux citoyens de garder leur foyer et de le défendre, et tout au moins d'établir, en abandonnant leur maison, un service de surveillance suffisant pour la protéger par une présence effective. (Trib. de Chartres, 2 août 1872.)

4. — Il est certains dommages, cependant, dont les citoyens lésés ont le droit d'exiger réparation, tandis que les autres ne peuvent donner lieu à dédommagement que si une loi spéciale a accordé des secours, obtenus de la générosité de l'État.

Le principe a été résumé ainsi par M. Thiers : « L'État n'indemnise jamais des hasards de la guerre, « mais seulement des dommages volontaires, inten- « tionnels, réfléchis, dont il est l'auteur. »

C'est donc aux circonstances dans lesquelles le dommage s'est produit qu'il faut se référer pour voir si un droit à indemnité existe à l'encontre de l'État.

5. — Si l'ennemi est éloigné, et si des travaux faits ou des mesures prises par prudence, en vue d'une attaque éventuelle non imminente, susceptible de ne pas se réaliser, entraînent des dégâts, des occupations de terrains ou d'immeubles, des privations de jouissance, une indemnité est due. (Art. 38, titre 6 du décret du 10 août 1853.) C'est l'application du droit commun en matière d'expropriation ou d'occupation temporaire. (Lois de 1807 et de 1841.)

6. — On ne doit considérer comme cas fortuits ne donnant pas lieu à indemnité que les désastres occasionnés par les combats ou par les faits accomplis directement en vue du combat, toutes les mesures prises alors, si dures soient-elles, devant être subies au nom du salut commun et de l'intérêt suprême de la patrie.

7. — Une faute, même légère, qui aurait précédé, accompagné ou suivi l'événement de guerre ayant causé le préjudice, suffirait d'ailleurs aussi pour engager la responsabilité de son auteur.

CAS DANS LESQUELS UNE INDEMNITÉ EST DUE

Mesures préventives de défense

8. — La loi des 8 et 10 juillet 1791 concernant la conservation et le classement des places de guerre accorde des indemnités lorsque l'acte ayant causé le préjudice avait le caractère d'une mesure préventive de défense, librement délibérée et exécutée.

Une loi spéciale, celle du 30 mars 1831 (Art. 4, 7, et 10), accorde une indemnité double, partie pour le fonds lui-même, et partie pour la privation de jouissance aux fermiers, locataires ou autres détenteurs. Ils ont une action directe contre l'autorité publique et ne peuvent pas s'adresser à leur propriétaire qui n'est pas en faute, et n'a pas pu les protéger.

Cette action directe est l'application du principe en matière d'expropriation, et de celui de l'article 1725 du Code civil qui proclame que c'est le locataire qui doit se défendre contre le trouble apporté à l'exercice de son droit.

Ces lois des 10 juillet 1791 et 30 mars 1831 ne s'appliquent qu'aux dommages occasionnés dans les places fortes ou pour travaux de fortifications.

9. — Mais la jurisprudence a cherché à combiner l'article 1382 du Code civil, qui oblige à réparer les dommages causés à autrui, et l'article 1148 du Code civil qui n'accorde aucuns dommages-intérêts lorsque le préjudice a pour cause le cas fortuit ou la force majeure ; elle s'est inspirée de la loi du 10 juillet 1791 en reconnaissant droit à indemnité lorsque le dommage résulte d'un acte délibéré et réfléchi, et en refusant l'exercice de ce droit lorsque le dommage est le résultat d'un événement de guerre. Et elle décide que les dommages causés, même en dehors des places forces, donnent ou non lieu à indemnité suivant qu'ils ont été des actes volontaires, des mesures préventives et de prévoyance, ou des faits de guerre, imposés par la nécessité immédiate de la lutte.

L'État n'assume aucune responsabilité lorsque les mesures qu'il prend sont étroitement liées à l'action de guerre ; sa responsabilité est engagée au contraire si ses actes ne revêtent que le caractère de préparation de la défense. Et c'est le juge qui, d'après les circonstances, est appelé à déterminer le caractère des actes et leurs conséquences.

10. — Lorsque des dégâts sont commis chez l'habitant par des soldats logés ou cantonnés, procès-verbal doit en être dressé par le maire et un officier, et l'indemnité que doit l'autorité militaire est réglée comme en matière de réquisition.

État de guerre

11. — L'état de guerre est proclamé par une loi ou par un décret (art. 8 et 9 de la loi du 10 juillet 1791), mais il existe aussi de plein droit lorsque, en temps de guerre, la place est en première ligne sur la côte ou à moins de cinq journées de marche des places, camps et positions occupés par l'ennemi (art. 52 du décret du 24 décembre 1811).

En pareil cas, une indemnité est due par l'État pour toutes destructions ou détériorations résultant des mesures de défense prises, à moins que les immeubles atteints ne soient soumis aux servitudes spéciales de la zone militaire.

12. — Mais il faut encore ici distinguer, d'après le principe posé par la loi de 1791, entre les mesures préventives librement délibérées et accomplies, qui ouvrent un droit à indemnité, et les mesures qui sont occasionnées par les faits de guerre, et qui n'ont pas les mêmes conséquences.

13. — C'est ainsi qu'en 1870, on a considéré comme mesures préventives donnant droit à indemnité, les destructions faites autour de Paris avant la capitulation de Sedan, en vue de l'éventualité d'un siège, tandis que celles qui avaient eu lieu entre cette date et l'investissement de Paris étaient considérées comme des faits de guerre ne donnant pas lieu à indemnité, car elles s'imposaient en raison de la certitude et de l'imminence de l'investissement et de la nécessité urgente et immédiate de la lutte. (Conseil d'État, 23 mai 1873 ; 1er mai 1874.)

Alors que, pour Paris, on considérait que l'investissement était devenu certain dès le lendemain de la bataille de Sedan, on accordait des indemnités aux propriétaires de la ville de Soissons jusqu'au jour où l'armée ennemie s'était présentée devant la ville, car on considérait que jusqu'à ce jour-là, l'investissement n'était pas certain. (Conseil d'Etat, 13 février 1874.)

Les travaux de défense exécutés à Belfort, au Havre et à Cherbourg, à un moment où ces villes n'étaient pas menacées d'une attaque ou d'un investissement, étaient considérés comme pouvant donner lieu à des indemnités. (Tribunal des Conflits, 15 mars 1873. — Conseil d'Etat, 28 juin 1873 ; 16 mai 1874.)

14. — Tout dépend donc des circonstances, laissées à l'appréciation des tribunaux, qui ont à déterminer le jour où aucun doute n'est devenu possible sur l'éventualité du siège.

A partir de ce jour-là, ou du jour de l'investissement ou des premières attaques, les dommages commis deviennent des faits de guerre, et ne donnent plus droit à indemnité.

*

Etat de siège

15. — L'état de siège peut être réel, effectif, s'il résulte de l'investissement ou de l'attaque de la place (Art. 11 de la loi des 8-10 juillet 1791), mais il peut aussi être proclamé par une loi ou par un décret. (Loi du 19 fructidor an V; art. 53 du décret du 24 décembre 1811 ; loi du 9 août 1849, art. 39 de la loi du 10 août 1853.)

Dans ce dernier cas, il s'agit simplement d'une mesure préventive destinée à maintenir la paix publique ; le Gouvernement ne peut donc pas se soustraire à l'obligation de réparer les dommages qu'il cause.

Il en est autrement dans le premier cas.

Aussi les documents législatifs et judiciaires n'ont-ils jamais pris comme base de la cessation du droit à l'indemnité le jour de la proclamation de l'état de siège. (Tribunal des Conflits, 13 mai 1872; 15 mars 1873 ; 11 janvier 1873.)

CAS DANS LESQUELS UNE INDEMNITÉ N'EST PAS DUE

Faits de guerre

16. — Qu'est-ce, exactement, qu'un fait de guerre?

Sur cette question, la jurisprudence a varié, et pourra varier encore.

On a considéré comme fait de guerre l'agression brutale, l'accident de combat, l'acte fatal, accidentel, fortuit, de force majeure, indépendant de toute volonté réfléchie, qu'imposait impérieusement la lutte.

17. — Certains arrêts y ont ajouté les mesures librement conçues, ordonnées et exécutées qui, par leur objet, le temps et le lieu où elles sont prises, ont avec l'action militaire un rapport immédiat et direct ;

d'autres encore ont étendu ce caractère à tout acte, même librement accompli, par prévoyance et après délibération, se rattachant aux opérations stratégiques. (Conseil d'Etat, 26 mars 1823.).

Pour donner des exemples, dans le premier système, il n'y aurait fait de guerre qu'en cas d'assaut, de bombardement, de combat, mais non, comme dans le troisième système, en cas de formation ou de cantonnement d'une armée assiégeante.

18. — Ces diverses jurisprudences se rencontrent dans les décisions rendues à la suite de la guerre de 1870 : le Tribunal des Conflits, adoptant le premier système (Arrêts des 11 janvier et 15 mars 1873), a accordé des indemnités, ne considérant pas qu'il y avait faits de guerre, à l'occasion des actes, même les plus nécessaires, accomplis par l'autorité militaire, tels que les travaux de défense des places de Belfort et de Lyon et de la presqu'île du Cotentin (Arrêts des 11 janvier, 1ᵉʳ février — aff. de Pomereu — et 15 mars 1873); le Conseil d'État, adoptant le troisième système, a accordé une indemnité à l'occasion de la simple occupation d'une propriété à Porchefontaine par les troupes françaises pendant la Commune (Arrêt du 9 mai 1873.)

Le Conseil d'Etat a considéré comme faits de guerre, ne donnant pas droit à indemnité, l'établissement d'un camp dans une propriété privée à proximité de l'ennemi, quoique le corps de troupes qui y séjournait n'eût pas pris part au combat (Aff. du bois des Hies, arrêt du 8 août 1873); la destruction d'un pont devant l'ennemi (Aff. de la Compagnie concessionnaire du pont de Meung, arrêt du 11 décembre 1874); l'incendie de récoltes et d'un chantier de bois à l'approche de l'ennemi pour entraver ses approvisionnements (Arrêts des 6 juin 1873; 13 mars, 1ᵉʳ mai et 24 juillet 1874.)

Cas spéciaux

19. — A l'inverse, certaines mesures de défense peuvent, alors même qu'il y a investissement ou imminence d'investissement, ne pas présenter le caractère de faits de guerre.

C'est ainsi qu'on a considéré comme une réquisition, donnant droit à indemnité, même pendant le siège d'une ville, l'occupation de certains bâtiments pour l'installation d'un atelier de fabrication de cartouches (aff. de la Société des Deux Cirques, Conseil d'État, 30 avril 1875), alors qu'on regardait comme fait de guerre, ne donnant pas droit à l'indemnité, l'occupation d'autres bâtiments pour y loger des troupes appelées à défendre un côté de la ville. (Conseil d'État, 6 juin 1872.)

20. — Quelquefois, en effet, il est difficile de distinguer si un acte constitue un fait de guerre, ne donnant pas droit à indemnité, ou une réquisition.

Ce sont les tribunaux qui sont souverains appréciateurs du caractère des actes.

La saisie de certaines denrées, leur consommation sur place, leur destruction, à un moment où il n'y avait pas imminence d'invasion par l'ennemi, ont été considérés comme constituant des réquisitions. (Conseil d'État, 14 novembre 1873.)

Mais la saisie de ces mêmes denrées ou d'un troupeau, faite pour éviter que l'ennemi ne s'en empare; la saisie de sacs de laine pour construire une barricade en présence de l'ennemi, ont été considérés comme des faits de guerre ne donnant pas droit à indemnité. Si ces objets ont été revendus, il est seulement dû à leur ancien propriétaire le montant du prix de vente. (Conseil d'État, 27 juin 1873; 8 août 1873.)

DOMMAGES CAUSÉS PAR L'ENNEMI

21. —Lorsque les dommages ont été causés par l'ennemi, ils revêtent d'autant plus le caractère de faits de guerre, et ne peuvent astreindre l'État à aucune responsabilité.

Convention internationale de La Haye

22. — Comme conclusion de la Conférence de La Haye, tenue du 15 juin au 18 octobre 1907, toutes les nations civilisées, au nombre desquelles on comptait l'Allemagne, ont arrêté une convention internationale, dans laquelle se trouvent les articles suivants :

ART. 23. — Il est interdit de détruire ou de saisir des propriétés ennemies, sauf les cas où ces saisies seraient impérieusement commandées par les nécessités de la guerre.

ART. 25. — Il est interdit d'attaquer ou de bombarder par quelque moyen que ce soit, des villes, villages, habitations ou bâtiments qui ne sont pas défendus.

ART. 27. — Dans les sièges et bombardements, toutes les mesures nécessaires doivent être prises pour épargner, autant que possible, les édifices consacrés au culte, aux arts, aux sciences et à la bienfaisance, les monuments historiques, les hôpitaux et les lieux de rassemblement de malades et de blessés, à condition qu'ils ne soient pas employés en même temps à un but militaire.

ART. 28. — Il est interdit de livrer au pillage une ville ou localité, même prise d'assaut.

ART. 43. — Dans un territoire occupé, l'autorité du pouvoir légal ayant passé de fait entre les mains de l'occupant, celui-ci prendra toutes les mesures qui dépendent de lui en vue de rétablir et d'assurer, autant qu'il est possible, l'ordre et la vie publics en respectant, sauf empêchement absolu, les lois en vigueur dans le pays.

ART. 44. — Il est interdit à un belligérant de forcer la population d'un territoire occupé à donner des renseignements sur l'armée de l'autre belligérant ou sur ses moyens de défense.

ART. 46. — L'honneur et les droits de la famille, la vie des individus et la propriété privée, ainsi que les convictions religieuses et l'exercice des cultes doivent être respectés.

La propriété privée ne peut pas être confisquée.

ART. 47. — Le pillage est formellement interdit.

ART. 49. — Si, en dehors des impôts, l'occupant prélève d'autres contributions en argent dans le territoire occupé, ce ne pourra être que pour les besoins de l'armée ou de l'administration de ce territoire.

ART. 50. — Aucune peine collective, pécuniaire ou autre, ne pourra être édictée contre les populations à raison de faits individuels dont elles ne pourraient être considérées comme solidairement responsables.

ART. 51. — Aucune contribution ne sera perçue qu'en vertu d'un ordre écrit et sous la responsabilité d'un général en chef.

Il ne sera procédé, autant que possible, à cette perception que d'après les règles de l'assiette et de la répartition des impôts en vigueur.

Pour toute contribution, un reçu sera délivré aux contribuables.

ART. 52. — Des réquisitions en nature et des services ne pourront être réclamés des communes ou des habitants que pour les besoins de l'armée d'occupation. Ils seront en rapport avec les ressources du pays et de telle nature qu'ils n'impliquent pas pour les populations l'obligation de prendre part aux opérations de la guerre contre leur patrie.

Ces réquisitions et ces services ne seront réclamés qu'avec l'autorisation du commandant dans la localité occupée.

Les prestations en nature seront, autant que possible, payées au comptant; sinon, elles seront constatées par des reçus, et le paiement des sommes dues sera effectué le plus tôt possible.

Art. 53. — L'armée qui occupe un territoire ne pourra saisir que le numéraire, les fonds et les valeurs exigibles appartenant en propre à l'Etat, les dépôts d'armes, moyens de transport, magasins et approvisionnements et, en général, toute propriété mobilière de l'Etat de nature à servir aux opérations de la guerre.

Tous les moyens affectés sur terre, sur mer et dans les airs à la transmisssion des nouvelles, au transport des personnes ou des choses, en dehors des cas régis par le droit maritime, les dépôts d'armes et, en général, toute espèce de munitions de guerre, peuvent être saisis, même s'ils appartiennent à des personnes privées, mais ils devront être restitués et les indemnités seront réglées à la paix,

Art. 54. — Les câbles sous-marins reliant un territoire occupé à un territoire neutre ne seront détruits ou saisis que dans le cas d'une nécessité absolue. Ils devront également être restitués et les indemnités seront réglées à la paix.

Art. 55. — L'Etat occupant ne se considérera que comme administrateur et usufruitier des édifices publics, immeubles, forêts et exploitations agricoles appartenant à l'Etat ennemi et se trouvant dans le pays occupé. Il devra sauvegarder le fond de ces propriétés et les administrer conformément aux règles de l'usufruit.

Art. 56. — Les biens des communes, ceux des établissements consacrés aux cultes, à la charité et à l'instruction, aux arts et aux sciences, même appartenant à l'Etat, seront traités comme la propriété privée.

Toute saisie, destruction ou dégradation intentionnelle de semblables établissements, de monuments historiques, d'œuvres d'art et de science, est interdite et doit être poursuivie.

23. — Les règles ainsi posées par la Convention internationale de La Haye devraient être respectées par les nations belligérantes, et il appartiendrait à toutes les parties contractantes d'intervenir en cas de violation.

JURIDICTIONS COMPÉTENTES

Législation et Jurisprudence

24. — A quelle juridiction doit s'adresser celui qui, ayant éprouvé un dommage, en demande réparation à l'Etat ?

Jusqu'à la loi du 17 juillet 1849, c'était le ministre de la Guerre qui devait être saisi de toutes les réclamations, sauf recours au Conseil d'Etat.

La loi du 17 juillet 1849 attribue à l'autorité judiciaire la connaissance des demandes en indemnité formées en vertu de la loi du 10 juillet 1791 qui ne vise que les mesures préventives de défense dans les places fortes pendant l'état de guerre ou pendant l'état de paix, mais non pendant l'état de siège, l'investissement réel et effectif de la place.

La loi du 30 mars 1831 a donné compétence à l'autorité judiciaire à l'occasion de tous travaux de fortifications, exécutés même en dehors des places fortes.

Enfin un arrêté du Tribunal des Conflits du 1er février 1873 a étendu cette compétence à toutes les propriétés atteintes par des faits d'expropriation et d'occupation temporaire, dépendant ou non d'une place
de guerre.

25. — Mais l'autorité judiciaire n'a jamais compétence que pour connaître des demandes en indemnité pour dommages causés par des mesures préventives de défense et non par des faits de guerre. (Tribunal des Conflits, 13 mai 1872 ; 11 janvier 1873 ; 1er mars
1873 ; 15 mars 1873 ; 28 juin 1873 ; 16 mai 1874.)

Autorité judiciaire

26. — Pour que l'autorité judiciaire soit compétente,
il faut qu'il s'agisse d'un dommage matériel, d'une
expropriation ou d'une privation de jouissance pour
occupation momentanée, ces cas étant les seuls prévus par la loi du 10 juillet 1791.

Une simple diminution de valeur, provenant par
exemple de la construction d'un mur crénelé en face
d'une maison (Conseil d'État, 7 avril 1835), ne pourrait
être soumise aux Tribunaux ordinaires.

Autorité administrative

27. — Toutes demandes en indemnité formées en
dehors de ces cas, c'est-à-dire à l'occasion de faits de
guerre, ou pour des événements arrivés pendant un
siège, ou en raison de préjudices ne résultant pas d'un

dommage matériel, ne sont pas de la compétence de l'autorité judiciaire et doivent être portées devant l'autorité administrative.

RÉSUMÉ

28. — Toutes ces règles sont clairement résumées en ces termes dans un très remarquable article publié en 1877 par M. Ferdinand Roze, auditeur au Conseil d'État, dans la *Revue critique de législation et de jurisprudence :*

« S'agit-il de dommages causés à une propriété si-
« tuée aux abords d'une place forte ? Il faut distinguer
« suivant que les faits se sont accomplis pendant l'état
« de guerre ou pendant l'état de siège.

« Pendant l'état de guerre ? L'indemnité est dûe, à
« moins que la mesure prise par l'autorité militaire ne
« se soit imposée comme une nécessité immédiate de
« la lutte. C'est ce qui aura lieu, par exemple, si le
« siége est imminent et certain.

« — Pendant l'état de siège ? C'est alors la règle in-
« verse : l'État, en principe, n'encourt aucune respon-
« sabilité, car la présence de l'ennemi imprime aux
« mesures de défense le caractère de faits de guerre.

« Mais ce n'est là qu'une présomption qui peut être
« combattue par la preuve contraire.

« — La propriété est-elle située en dehors d'une
« place forte ?

« Si le dommage résulte de travaux librement-con-
« çus, librement exécutés, sans nécessité actuelle et
« par prévoyance, l'État est tenu de réparer.

« Il est, au contraire, affranchi de toute obligation,
« si les actes se rattachent à l'action militaire par
« un lien immédiat et direct.

« C'est la distinction entre la mesure préventive et
« le fait de guerre.

« — L'autorité judiciaire ne connaît que des
« demandes en indemnité formées à raison de dom-
« mages résultant de mesures préventives.

« Pour qu'elle soit compétente dans les cas prévus
« par la loi de 1791, il faut de plus que le dommage
« soit matériel et qu'il se soit produit pendant l'état
« de guerre. »

MESURES LÉGISLATIVES

29. — D'après les principes que nous avons exposés,
il semble que les droits des simples particuliers
soient absolument sacrifiés dans un très grand
nombre de cas.

Cependant la jurisprudence du Tribunal des Conflits et du Conseil d'État est conforme à nos lois et
aux règles de notre droit public.

Et c'est au législateur qu'il appartient, dans certaines circonstances, de secourir les citoyens victimes de calamités.

30. — La question de responsabilité de l'État a été
longuement discutée à l'Assemblée Nationale en 1871
à l'égard des départements qui avaient été victimes
de l'invasion.

Le projet de loi, adopté par la commission de la
Chambre, était ainsi conçu :

« Les contributions de guerre, les réquisitions soit
« en argent, soit en nature, les amendes et les dom-
« mages matériels directs que la guerre et l'invasion
« ont fait subir aux habitants, aux communes et aux
« départements d'une partie du territoire français,
« seront supportés par toute la nation. »

M. Thiers a fait repousser ce projet de loi en disant qu'il ne pouvait être question d'une dette, ce qui serait contraire à tous les principes de notre droit public, mais d'un acte de bienfaisance et de générosité nationale.

Et la loi du 6 septembre 1871 dit seulement qu'un « dédommagement » — et ce mot a été employé à dessein comme signifiant un secours et non une dette de l'État et un droit à indemnité — « serait accordé à « tous ceux qui avaient subi, pendant l'invasion, des « contributions de guerre, des réquisitions soit en « a.gent, soit en nature, des amendes et des dom- « mages matériels. »

31. — Dès le 27 octobre 1914, le Gouvernement, afin de donner aux populations éprouvées la certitude qu'elles ne seront pas abandonnées dans leur détresse, a prescrit aux préfets et aux maires de faire dresser immédiatement les constats de destruction des immeubles, terres, récoltes en magasin ou en terre, instruments aratoires et cheptel, c'est-à-dire capital foncier et capital exploitation.

Ces constats sont dressés par les municipalités et, à défaut, directement sur l'initiative des préfets ; ils sont contrôlés par les délégués des préfectures, ingénieurs des ponts et chaussées, directeurs des services agricoles, inspecteurs départementaux et professeurs d'agriculture, et adressés ensuite au Ministre de l'Intérieur.

Le Gouvernement fera appel aux régions que leur situation aura préservées des atteintes de l'ennemi pour leur demander d'apporter aux départements envahis le secours de leurs propres ressources.

Le département d'Oran, le premier, a voté une somme d'un million pour les sinistrés français et belges.

Le Gouvernement demandera aux Chambres, comme en 1871, les crédits nécessaires pour réparer les dommages causés et la Nation y contribuera tout entière.

CONTRIBUTIONS DE GUERRE ET DÉGATS AUX BIENS DES COMMUNES

32. — Nous ne saurions mieux faire, sur cette question, que de reproduire l'article fort intéressant et très documenté, publié par M. Paul Birault dans le journal *L'Opinion* du 20 septembre 1914 :

« Qui doit réparer les dommages matériels de la
« guerre? En l'état actuel de la législation française,
« c'est le particulier ou la commune lésés qui, seuls,
« en supportent la perte. La guerre, les excès com-
« mis par l'ennemi sont considérés comme sinistres,
« analogues à l'incendie par exemple, et tant pis pour
« qui en est frappé. C'est ainsi que, à l'heure actuelle,
« quatre communes dans l'Aisne, une dans le Doubs,
« deux dans la Haute-Marne, trois dans la Meuse, une
« dans la Haute-Saône, deux dans la Somme et huit
« dans la Meurthe-et-Moselle, n'ont pas encore fini
« de payer les contributions dont les Prussiens les
« ont frappées en 1870. Le village de Champey, par
« exemple, qui n'a que 175 habitants, est encore
« grevé d'une dette de 6.803 francs sur les 13.000 qu'il
« a payés à l'envahisseur. Lubey, 121 habitants, doit
« 698 francs; Otton, 398 habitants, 3.255 francs. La
« ville d'Amiens est de toutes la plus obérée : elle
« avait versé cinq millions et demi, pour lesquels
« elle contracta un emprunt le 11 mai 1871, rembour-
« sable par annuités de 374.000 francs; elle doit en-
« core 3.178.852 francs et ne sera libérée qu'en 1921.

« Et les Allemands ont profité de leur passage pour
« lui extorquer encore un million !

« D'autres communes sinistrées par l'invasion
« n'ont eu que la ressource de s'imposer extraordi-
« nairement; plusieurs ont engagé les revenus de
« leurs bois ou de leurs domaines, et certaines ont
« encore trente années à supporter cette charge pour
« se libérer. Un village même, Pusy (Haute-Saône),
« ayant payé 4.000 francs, pour lesquels il a fait un
« emprunt au bureau de bienfaisance de Vesoul, n'a
« jamais pu en rembourser un sou et il en doit solder
« jusqu'à la fin des temps l'intérêt à 4 1/2 ; chacun
« des 425 habitants du village verse donc chaque
« année 0 fr. 40 comme indemnité de guerre. »

PILLAGES ET DÉPRÉDATIONS

33. — Malgré les perturbations politiques, la propriété, la liberté et la vie des citoyens doivent tou-
jours être protégées. (Cassation crim., 8 juin 1871.)

Le droit des gens permet au vainqueur de s'appro-
prier tout ce qui sert à la guerre : munitions, chevaux,
voitures employées aux transports, vivres.

Mais les biens meubles ou immeubles, ayant un
autre caractère, doivent être respectés.

Le butin ne doit être pris que sur l'ennemi armé,
et en aucun cas, aux termes de l'article 47 de la Convention internationale de La Haye, un endroit ne peut
être livré au pillage, même pour avoir violé les lois
de la guerre, ou pour avoir été pris d'assaut, ou par
représailles.

34 — Les déprédations commises, par le vainqueur
ou par le vaincu, sont considérées comme des vols et
punies comme telles, quel que soit l'état de désordre

et d'abandon dans lequel les habitants, effrayés ou chassés par la guerre, ont laissé leurs biens. (Cour d'Angers, 14 mars 1871.)

Un Français, qui aurait prêté son concours à l'ennemi pour des pillages ou des déprédations, serait poursuivi pour complicité de vol. (Cour de Cassation, 15 décembre 1871.)

35. — Des pillages, dégâts ou dommages peuvent être commis par des nationaux : en ce cas, aux termes de l'article 106 de la loi du 5 avril 1884, les communes sont responsables :

« Les communes sont civilement responsables des
« dégâts et dommages résultant des crimes ou délits
« commis à force ouverte ou par violence sur leur
« territoire par des attroupements ou rassemblements
« armés ou non armés, soit envers les personnes,
« soit contre les propriétés publiques ou privées.

« Les dommages-intérêts dont les communes sont
« responsables sont répartis entre tous les habitants
« domiciliés dans ladite commune, en vertu d'un rôle
« spécial comprenant les quatre contributions di-
« rectes. »

ASSURANCES CONTRE L'INCENDIE

36. — Les Compagnies d'assurances ne répondent pas des incendies occasionnés par guerre, invasion, ou force militaire quelconque.

Cette clause est-elle applicable seulement en cas de sinistre résultant d'un combat, d'une lutte entre belligérants ?

D'après certains arrêts, les compagnies, en insérant une clause de ce genre dans les polices, ont entendu exclure les risques illimités et l'état anormal

créés par la guerre, les seuls risques restant couverts
étant ceux pour lesquels l'assuré a pu opposer sa vigi-
lance et son autorité aux actes volontaires qui com-
promettaient la sûreté des objets assurés. (Cour
d'Angers, 29 février 1872; 1er août 1873.)

C'est ainsi que les Compagnies ont été exemptées
de responsabilité relativement : à un incendie allumé
dans l'intérêt de la défense d'une ville assiégée (Cour
de Nancy, 13 avril 1872); à un incendie allumé par
imprudence dans des magasins transformés en bi-
vouacs (Cour d'Angers, 29 février 1872); à des incendies allumés par imprudence ou volontairement,
mais sans actes d'hostilité, par l'ennemi (Cour de
Paris, 26 juillet et 17 août 1872; Cour d'Angers,
29 février et 10 avril 1872; Cour de Besançon, 2 février 1872.)

37.—D'après d'autres documents de jurisprudence,
la clause d'irresponsabilité ne doit s'entendre que des
sinistres dont la guerre est la cause directe ou immédiate, c'est-à-dire qui résultent de l'agression ou de
la défense, d'actes d'hostilité que la guerre occasionne
et que l'on subit sans pouvoir les éviter ou s'en
défendre, mais non des incendies survenus, même
par accident ou par imprudence, s'il n'y a eu ni combats, ni violences réelles. (Cour d'Orléans, 31 décembre 1871.)

La Cour de Besançon a également adopté cette
thèse dans un arrêt du 22 avril 1872, où il est dit
notamment que la clause insérée dans la police étant
l'œuvre de la Compagnie, et étant une dérogation à
l'objet du contrat, doit s'interpréter avec rigueur, que
l'assurance ne peut être suspendue pendant la guerre
que pour les sinistres ayant pour cause directe un
combat, un acte de représailles ou d'hostilité, et
qu'elle doit s'appliquer lorsque l'incendie provient

simplement d'un défaut de précaution ou d'une imprudence.

38. — Il en serait de même en cas d'incendie pour
cause inconnue.

En réalité, pour l'interprétation de cette clause, le
pouvoir des juges du fond est souverain, et la solu-
tion dépend des circonstances (Cour de Cassation,
16 juillet 1872), mais l'assureur ne peut l'invoquer
que s'il prouve que l'incendie a eu pour cause directe
la guerre (Cour de Paris, 25 juillet et 17 août 1872)
ou la malveillance de l'ennemi. (Cour de Cassation,
16 juillet 1872. — Cour de Paris, 8 mai 1872 et
11 février 1873.)

PROPRIÉTAIRES ET LOCATAIRES

39. — Les locataires sont responsables des incendies.

Aux termes de l'article 1733 du Code civil cette responsabilité cesse lorsque l'incendie a pour cause un
cas fortuit ou de force majeure, tels qu'un bombardement ou la malveillance de l'ennemi.

Il en est de même pour les dégradations. (Art. 1732,
1755, 1270 du Code civil.)

S'il y a perte totale de la chose, le bail est résilié;
si la perte est partielle, le locataire a le choix entre
la résiliation et la réduction du loyer.

40. — Le locataire a-t-il, en outre, droit à des dommages-intérêts ?

En principe, un propriétaire n'est pas tenu de garan-
tir le locataire du trouble de fait apporté par des tiers
à sa jouissance.

L'action doit être dirigée contre les tiers qui en
sont les auteurs. (Art. 1725, C. c.)

Mais cet article n'est applicable que pour les dégâts
de peu d'importance; s'il s'agit de troubles ayant un

caractère grave, comme l'invasion de l'ennemi, c'est au propriétaire que le locataire doit s'adresser pour obtenir les indemnités auxquelles il peut avoir droit.

En effet, l'article 1720 du Code civil oblige le propriétaire à faire, pendant la durée du bail, toutes les réparations non locatives.

D'autre part, l'article 1719 l'oblige à entretenir la chose louée en état de servir à l'usage auquel elle est destinée, et d'en faire jouir paisiblement le locataire pendant la durée du bail. (Cour de Nancy, 7 juin 1873.)

41. — Si le propriétaire a tardé à exécuter ces réparations, le locataire est donc en droit d'obtenir des dommages-intérêts, le trouble étant réel et causant un amoindrissement de la propriété, sauf à en discuter l'importance, par exemple en raison des obstacles que les circonstances auraient apportés à l'exercice de l'industrie et à la marche des affaires, si le locataire avait repris plus rapidement possession des lieux loués. (Trib. civil de la Seine, 20 sept. 1871 : *Aff. Lebaudy*. — Cour de Nancy, 7 juin 1873.)

42. — D'autre part, dans le cas de réparations, le locataire peut être déchargé de la partie du loyer correspondant au temps pendant lequel la jouissance lui a été supprimée. (Cour de Paris, 28 août 1873.)

43. — Le propriétaire obligé d'effectuer certaines réparations pourrait demander indemnité à la commune s'il avait, par l'occupation et l'appropriation de son immeuble, exonéré la généralité des habitants d'une charge. (Cour de Nancy, 7 juin 1873.)

Et cette indemnité devrait s'étendre jusqu'à la réduction de loyers qu'il aurait dû faire à son locataire, et aux dommages-intérêts qu'il aurait dû lui payer, à moins que ceux-ci n'aient été la conséquence de son fait personnel, par exemple de son retard à exécuter les réparations. (Cour de Nancy, 7 juin 1873.)

Abandon des immeubles loués

44. — Le dommage causé par l'ennemi est à la charge du propriétaire, mais il faut pour cela qu'il ne soit pas la conséquence de la faute, de l'imprudence ou de la négligence du locataire. (Cour de Paris, 26 mars 1872; 23 août 1872.)

Lorsque, en raison de l'occupation par l'ennemi par exemple, le locataire a été dans l'impossibilité de donner à la maison louée les soins et la surveillance qui sont les bases des présomptions rigoureuses de l'article 1733, il y a cas fortuit et de force majeure, le déchargeant de toute responsabilité. (Cour de Besançon, 2 juin 1873 : *Maison à Sermamagny.*)

45. — Mais l'obligation de jouir en bon père de famille et de veiller à la conservation de la chose ne saurait aller jusqu'à l'obliger à sacrifier sa propre sécurité en restant dans l'immeuble pour chercher à le sauvegarder des attentats de l'ennemi. (Cour de Paris, 23 août 1872.)

Le locataire ne peut être tenu ni directement ni indirectement si, en s'éloignant de l'immeuble loué, par exemple sur l'invitation de l'autorité ou pour se soustraire à un péril sérieux et imminent il n'a commis aucune faute. (Cour de Nancy, 7 juin 1873.)

46. — Le locataire qui a été dans l'obligation d'abandonner les lieux qu'il occupait, est en droit de demander une diminution de loyer proportionnelle, en raison de l'interruption de jouissance provenant d'un cas de force majeure, comme dans le cas de destruction partielle de la chose louée. (Trib. de Paix du VII° arr., 27 janv. 1871.)

47. — Mais il ne peut en être ainsi que si le danger a été sérieux; il n'en serait pas de même s'il y avait eu simplement éventualité de danger. (Trib. de Paix du VII⁰ arr., 27 janvier 1871.)

Le locataire a quitté sa maison par crainte ou par prudence, sans péril imminent, pour se soustraire aux éventualités de la guerre ; il a été jugé qu'il ne pouvait demander aucune diminution de loyer, la force majeure n'étant pas la cause directe et immédiate de sa privation de jouissance (Cour de Paris, 28 août 1873), et qu'il devait même supporter une part dans les réparations à faire, si les dégradations produites pouvaient être attribuées à son absence. (Cour d'Orléans, 14 Juillet 1871.)

Aucune réduction de loyer ne peut être due au locataire qui a volontairement quitté la ville qu'il habitait, si les autres habitants restés dans cette ville n'ont été ni expulsés par l'occupant ennemi, ni exposés par les événements de guerre à des périls qui puissent être considérés comme entraînant une privation de jouissance (Cour de Paris, 28 août 1873 : *Commune de Louveciennes.*)

48. — Les obligations dont sont tenus les locataires s'imposent d'ailleurs moins rigoureusement à celui qui a loué une maison pour une saison qu'à celui qui l'occupe toute l'année. (Trib. civ. de Corbeil, 6 déc. 1871 : *Villa à Yerres.*)

ANNEXES

I

Décret du 15 septembre 1914

ART. PREMIER. — Le ministre des finances est autorisé à faire l'avance d'une somme de trois millions (3.000.000 fr.) qui sera répartie entre les communes du département de la Marne pour venir en aide aux habitants, qui, par suite de l'invasion, se trouvent sans abri et sans ressoures.

La répartition sera faite par une commission composée du secrétaire général de la préfecture, du trésorier général ou de son délégué, d'un conseiller général et d'un conseiller d'arrondissement désignés par le préfet, et d'un officier désigné par le commandant du corps d'armée régional.

II

Extrait d'une lettre de M. René Viviani,
Président du Conseil,
à M. Léon Bourgeois, sénateur,
Président du Groupe parlementaire
des Départements envahis.

27 octobre 1914.

Secours à organiser pour ceux qui rentrent. — « Tous les départements envahis ont obtenu et obtiendront, comme le département de la Marne, des subventions proportionnées à leurs besoins; les propositions adressées par les

Préfets sont immédiatement examinées et reçoivent satis-
faction sans aucun délai. »

Le Président du Conseil,
VIVIANI.

III

Circulaire du Président du Conseil, à MM. les Préfets de la zone des armées.

Bordeaux, le 27 octobre 1914.

Le Gouvernement se préoccupe, à l'heure actuelle, de venir en aide, par tous les moyens dont il dispose, aux populations qui sont victimes de la guerre.

Dans ce but, certain d'avance qu'il répondra aux vœux du pays tout entier, il se propose de faire appel aux régions que leur situation préserve des atteintes de l'ennemi, pour leur demander d'apporter aux départements envahis les secours de leurs propres ressources.

Il demandera aux Chambres le vote des crédits par lesquels la nation contribuera aux dépenses nécessaires.

Afin de posséder une base d'appréciation qui lui permette de mesurer la dépense, le Gouvernement vous recommande de faire, dans les conditions que je précise, les constats nécessaires.

Il appartient aux municipalités de faire dresser les constats de destructions qui ont atteint aussi bien les immeubles que les terres, les instruments aratoires, le cheptel. Je compte sur vous pour les en avertir. Quand ces municipalités vous auront adressé ces constats, vous voudrez bien les faire examiner. Toutes les fois que les municipalités ne vous auront pas saisi des constats opérés par leurs soins, vous voudrez bien en prendre l'initiative. Les résultats de cette enquête devront être ensuite, et dans le délai le plus bref, adressés par vous au ministère de l'intérieur.

Les ministres compétents donnent d'ailleurs des instructions à leurs agents, ingénieurs des ponts et chaussées, inspecteurs départementaux et professeurs d'agriculture, qui sont chargés de se mettre à votre disposition.

J'ai pensé qu'il convenait de donner, dès aujourd'hui, à la population éprouvée de votre département, l'assurance qu'elle n'est pas abandonnée dans sa détresse.

Vous voudrez bien porter à sa connaissance les disposi tions du Gouvernement qui espère ainsi à la fois rendre plus étroits les liens de solidarité nationale et affermir le courage de ceux qui sont frappés.

René Viviani.

IV

**Circulaire du Ministre de l'Agriculture,
à MM. les Préfets
pour MM. les Directeurs des services agricoles
ou leurs représentants.**

Bordeaux, le 28 octobre 1914.

La circulaire du président du conseil aux préfets tendant à l'évaluation des pertes qu'ont subies les populations victimes de la guerre, vous assigne un rôle que je désire vous voir remplir sans retard et de la façon la plus complète possible.

Vous devez donc vous mettre de suite à la disposition du préfet, et, soit que vous opériez concurremment avec les agents des autres ministères, soit que vous procédiez isolément au travail demandé, vous avez à envisager toutes les pertes affectant les populations agricoles.

Ces destructions ou dégradations peuvent affecter :

1° Le capital foncier (terrain, plantations, immeubles bâtis, habitations de l'homme, bâtiments d'exploitation) ;

2° Le capital d'exploitation (immeubles par destination, cheptel, matériel, fonds de lieux, pailles, fourrages, engrais);

3° Les récoltes en magasin et même les récoltes en terre.

Vous étudierez successivement ces divers éléments de

votre évaluation en vous entourant de tous les moyéns d'appréciation que vous trouverez dans la localité, et de tous les documents qui pourront vous être fournis. Vous vous inspirerez de cette idée que les chiffres que vous avez à donner avec les détails qui en montreront la valeur et en permettront le contrôle devront présenter toute la précision compatible avec les situations spéciales qui se présenteront ; mais qu'il serait déplorable qu'ils fussent entachés d'exagérations ne pouvant qu'être préjudiciables à la cause si intéressante des agriculteurs auxquels le Gouvernement désire venir en aide.

Vous me transmettrez ce travail dès qu'il sera effectué pour une commune avec un bref résumé de la situation de cette commune et des mesures que comporte pour elle la reprise de la vie agricole. Vous remettrez un double de cette communication à votre préfet. Si le travail qui vous est demandé impliquait un long délai, en raison du grand nombre des communes atteintes, et si vous ne disposez pas, pour vous aider, de la collaboration de professeurs d'agriculture, vous m'en aviserez immédiatement et j'examinerai la possibilité de vous fournir un aide.

Vos frais de déplacement vous seront remboursés, d'après les tarifs en vigueur, pour les missions de cette nature. Veuillez m'accuser réception des présentes instructions et me tenir au courant par un rapport hebdomadaire de la marche de vos travaux.

FERNAND DAVID.

V

Loi des 6-12-22 septembre 1871
qui fait supporter par toute la Nation française
les contributions de guerre,
réquisitions et dommages matériels de toute nature
causés par l'invasion

Considérant que, dans la dernière guerre, la partie du territoire envahie par l'ennemi a supporté des charges et subi des dévastations sans nombre ; que les sentiments de la nationalité qui sont dans le cœur de tous les Français imposent à l'État l'obligation de dédommager ceux qu'ont frappés dans la lutte commune ces pertes exceptionnelles ;

L'Assemblée Nationale, sans entendre déroger aux principes posés dans la loi du 10 juillet 1791 et le décret du 10 août 1853,

Décrète :

ARTICLE PREMIER. — Un dédommagement sera accordé à tous ceux qui ont subi, pendant l'invasion, des contributions de guerre, des réquisitions, soit en argent, soit en nature, des amendes et des dommages matériels.

ART. 2. — Ces contributions, réquisitions, amendes et dommages seront constatés et évalués par les commissions cantonales qui fonctionnent en ce moment sous la direction du ministre de l'Intérieur. — Une commission départementale révisera le travail des commissions cantonales, et fixera le chiffre définitif des pertes justifiées. Cette commission sera composée du préfet, président, de quatre conseillers généraux désignés par le conseil général, et de quatre représentants des ministres de l'Intérieur et des Finances.

ART. 3. — Lorsque l'étendue des pertes aura été ainsi constatée, une loi fixera la somme que l'état du Trésor public permettra de consacrer à leur dédommagement et en déterminera la répartition. — Une somme de cent millions sera mise immédiatement à la disposition du ministre de l'Intérieur et du ministre des Finances et répartie entre les départements, au prorata des pertes qu'ils ont éprouvées, pour être distribuée par le préfet, assisté d'une commission nommée par le Conseil Général et prise dans son sein, entre les victimes les plus nécessiteuses de la guerre et les communes les plus obérées. Cette première allocation fera partie de la somme totale attribuée à chaque département pour être répartie entre tous les ayants droit.

. . . .

ART. 5. — Indépendamment des dispositions qui précèdent, les contributions en argent, perçues à titre d'impôts par **les autorités** allemandes, seront réglées ainsi qu'il suit :

§ 1. — Les communes qui ont versé des sommes à titre d'impôt seront remboursées de leurs avances par le Trésor. — § 2. Les contribuables qui justifieront du versement de sommes au même titre, soit entre les mains des Allemands, soit aux autorités municipales françaises, seront admis à en appliquer le montant en déduction de leurs contributions de 1870 et de 1871. Ils seront tenus de produire, dans le délai d'un mois, leurs pièces justificatives. — § 3. le règlement ci-dessus spécifié comprendra : 1º Le montant de l'impôt direct français ; 2º le double de cet impôt, comme représentation des impôts indirects réclamés par les Prussiens. Tout ce qui, dans les versements, excèdera l'impôt direct doublé sera considéré comme simple contribution de guerre et régi par les principes posés dans les articles précédents.

TABLE DES MATIÈRES

* 9 7 8 2 0 1 3 6 7 5 5 7 4 *